フライパンとトースターで焼ける平らなパン

フラットブレッド

小松あき

文化出版局

はじめに

　この本は、パン作りが初めての方にも、ちょっと変わったパンに挑戦したいという方にも楽しんでいただける、平らなパン「フラットブレッド」の本です。
　私が初めてフラットブレッドに出会ったのは、もう30年近く前、日本にあるインド料理レストランでのこと。そう、大きくてもっちりとした、ナン。それまでのいわゆるパンのイメージからナンはだいぶかけ離れていたので、衝撃を受けました。
　その後、アラブの食文化を研究するために、シリアやエジプトに10年弱滞在し、その間、近隣の国にも頻繁に訪れる機会がありました。それらの国でよく食べられているのが、平らなパン。一言で平らなパンと言っても、その形状は国や地域で異なり、種類も豊富ですが、私たちがパンと聞いてイメージする食パンやコッペパンなどのふんわり膨れたパンよりも、窯でさっと焼いた薄いパンが、この地域では日常的なパンだったのです。
　現地のレストランで出てくるパンも、当然平らなパン。我が家で作るパンも、生地をこねて、適当に伸ばして焼く、平らなパン。当時住んでいたエジプトの家には、強い火で一気に焼くことができる大きなガスオーブンがあり、簡単に極上のパンが焼けた、ということもあり、いつしか私の生活でも、平らなパンが当たり前になりました。
　気負わずに作れるフラットブレッドは、毎日の食卓にもぴったり。少しぐらい形がいびつでも大丈夫。フラットブレッドは失敗知らずの懐の広いパンなのです。

小松あき

もくじ

2 　はじめに
6 　フラットブレッドとは
7 　フラットブレッドを焼く2つの方法
8 　フラットブレッドの楽しみ方
10 　道具と材料

12 基本の無発酵生地
- 14 無発酵フラットブレッド
- 16 チャパティ
- 18 ハーブ入りフラットブレッド
- 20 ひき肉のせフラットブレッド
- 22 カレーマッシュポテト包みフラットブレッド
- 24 クルミ＆ハリッサフラットブレッド
- 26 たらこ＆クリームチーズフラットブレッド
- 28 黒糖＆カルダモンフラットブレッド

30 基本のパイ風生地
- 32 プレーンパイ
- 35 ねぎ巻きパイ
- 36 クルミ＆シュガーパイ
  ココナッツフレーク＆シュガーパイ

38 基本の発酵生地
- 40 ポケットパン
- 42 手のばしブレッド
  チーズ入りブレッド
- 44 たっぷりごまパン
- 46 ひき肉パイ
- 48 トマト＆オニオンフラットブレッド
- 50 ザアタルブレッド
  ガーリックバターフラットブレッド
- 52 ピザ
- 54 刻みきのこのフラットブレッド
- 56 マトナカーシュ
- 58 タヒーナブレッド
- 60 ブルーチーズ＆はちみつのフラットブレッド
- 62 りんご＆キャラウェイのフラットブレッド
  バナナ＆ピーナッツバターのフラットブレッド

64 発酵生地を使ったアレンジパン
- ほうれん草の三角パン
  カッテージチーズボート

68 基本のふっくら生地
- 70 プレーンフォカッチャ
- 72 オリーブ＆ローズマリー、プチトマトのハーフ＆ハーフフォカッチャ
- 73 フラットブレッドが残ったら……

74 フラットブレッドに合うディップとおかず
- 76 5種のディップ
- 78 ひよこ豆のコロッケ
- 80 卵とトマトソース
- 81 鶏肉のスパイス炒め
- 82 フライドポテト
  フライドカリフラワー

フラットブレッドとは

　フラットブレッドには、世界各地で非常に多くの種類があります。発酵させずに作るパンも多いため「種なしパン」と呼ばれることもありますが、イーストなどの酵母を使ったものも一般的です。

　フラットブレッドは、意外にも世界各国で見られますが、これらを主食として日常的に食べている地域は、インド周辺から中東、コーカサス辺りと言えるでしょう。日本で平らなパンと言えば、今やスーパーでも買えるほどに普及したインドの「ナン」ですが、実はナン（ナーン、ノンなど）という言葉は、イランや中央アジア等ではパンを意味する言葉として使われています。アラブ・中東地域では、パンのことを「ホブズ」、エジプトの口語では「アエーシ」と呼びます。コッペパンや食パンのようなパンもありますが、食卓で出される主食のパンと言えば、フラットブレッド。これでおかずをつまむのはもちろん、炭火焼肉のケバーブなどにかぶせて保温の役割を担ったりすることもあります。

　主食となるフラットブレッドの形状は、アラブ各国でかなり違っています。エジプトでは、ふすま粉や全粒粉を使った「アエーシ・バラディ」がよく食べられています。アエーシ・バラディは、政府の補助金によって貧困者であれば市価よりも安価で手に入れられるものがあります。一方、シリアやレバノンでは大きく薄めのパンが多く見られます。ピタパンのように空洞がありますが、パン自体が薄いため、その空洞に具材を詰めるということはしません。この地域のサンドイッチは、薄いパンで具材を巻いたもので、ラップサンドのようにして食べます。

　国によって食文化が異なるように、フラットブレッドもさまざま。その国の気候や素材、好みに合うように作られ、その国に根付いています。

1：エジプトで売られる「アエーシ・バラディ」。完全に精製されていない小麦粉やふすま粉を使用するため、茶色がかっている。2：食事にはパンが欠かせない。おかずをパンでつまみながら食べる。出前を頼んでも、パンはたっぷり付いてくる。3：エジプトのサンドイッチ店で購入したパン。具材はさほど多く詰めず、パンも小ぶりなので通常は3〜4個を1度に食べる。4：レバノンの市場で。それぞれ異なるパンの専門店が並ぶ。表面にゴマをたっぷりまぶしたパンは「カアク」と呼ばれることもある。

フラットブレッドを焼く2つの方法

薄くて平らなフラットブレッドは、フライパンなら2〜3分、
トースターなら3〜5分で焼き上がります。

フライパンで焼く

フライパンを火にかけてしっかりと予熱し、薄くのばした生地をのせたら中火で焼きます。30秒ほど焼き、表面が乾いて気泡が出てきたら静かに裏返し、裏面は15秒ほど焼いたら、もう一度ひっくり返します。両面に焼き色が付くまで数回ひっくり返しながら焼き、うまくいけば風船のように膨らみますが、膨らまなくても失敗ではありません。

※フッ素加工のフライパンは予熱のしすぎに注意しましょう

トースターで焼く

トレーに薄くのばした生地をのせ、トースターに入れたら最高温度で3〜5分焼きます。生地が膨らみ、軽く焼き色が付けばOK。

※焼き時間は各ページを参照し、トースターによって調整する
※膨らんだ時に上部のヒーターに生地が付かないように注意
※オーブンシートを使う場合もヒーターにペーパーが触れないようにすること

フラットブレッドの楽しみ方

フラットブレッドは、薄くて平らだからこそさまざまな食べ方ができます。朝ごはんからおやつまで、フラットブレッドならではの幅広いアレンジを楽しんでみてください。

そのままで

シンプルに粉の風味を楽しむには、そのままちぎって食べるのがおいしい。トーストやバゲットのように、カフェオレやミルクティーに添えるのもおすすめ。

塗る、付ける

ジャムやペースト、ディップを塗ったり、スープに浸したり、カレーや煮物をすくって食べたりと、いちばん汎用性の高い食べ方。

挟む

好きな具材を挟んでぱたんと半分に折りたためば、朝食やお弁当にぴったりのサンドイッチに。軽い食べ心地なので、子どもにも◎。

巻く

ブリトーやケバブロールのように、フラットブレッドで具材を巻くと見た目もかわいい。黄色やピンクなどカラフルな具材で断面にもこだわりたい。

道具と材料

道具

1：ボウル・保存容器
生地を混ぜたり、こねたりするのに使用。この本では粉200gを基準としているので、ボウルは直径23cmほどのものが使いやすい。フォカッチャには、蓋付き保存容器（16.5×12.5×高さ11.5cm 容量1.9ℓ）を使用。

2：キッチンクロス
焼き上がったパンをくるんだり、生地にかぶせて乾燥を防いだりと、清潔な厚手のふきんを用意しておくと便利。

3：こね台
生地をのばすときに使用。大きめのまな板や、キッチンのステンレス台でも可。

4：デジタルスケール・計量スプーン
粉と水はデジタルスケールで正確に量ること。砂糖や塩、インスタントドライイーストは計量スプーンを使用。

5：オーブンシート
オーブントースターで焼くとき、生地が庫内に付くのを防ぐ。※オーブントースターを使用する際は、熱源にオーブンシートが触れると発火の原因になります。耐熱のものを使うか、トレーからはみ出さないようにするなど、十分注意してください

6：ゴムベラ・フライ返し・麺棒・スプーン・刷毛
麺棒は長さ33cmのものを使用。ほかは家庭にある使いやすいものでOK。

使用する道具は、家庭にある使い慣れたものを用意してください。また、この本で使っている材料は、一般的なスーパーで入手可能です。

材料

1：水・ぬるま湯
発酵生地の場合、寒い季節は30〜40℃程度のぬるま湯を使用するといい。

2：油・バター
油はオリーブオイルを使用しているが、生地に混ぜ込む際に使用するものはその他の植物性の油（サラダ油、米油など）も可。バターは無塩バターを使用。

3：強力粉・全粒粉
スーパーで入手可能な強力粉と全粒粉を使用。※日清カメリヤ強力小麦粉、日清全粒粉パン用

4：塩・砂糖
塩はあら塩、砂糖はグラニュー糖を使用。

5：インスタントドライイースト
スーパーで入手可能なインスタントドライイーストを使用。

基本の無発酵生地

無発酵フラットブレッド
作り方 ▶ P14

粉と水で気軽に作れるフラットブレッド。発酵いらずなので、短時間ででき上がります。そのままちぎっておかずをつまんだり、トルティーヤのようにくるくる巻いてラップサンドにしたりと、どんな料理とも相性抜群です。インドでは、全粒粉で作ったものはチャパティと呼ばれています。

無発酵フラットブレッド

強力粉で作る、発酵いらずのシンプルなフラットブレッド。生地を休ませる時間をしっかりとると、やわらかく食べやすい仕上がりになります。

基本の無発酵生地

材料 直径15cm　8枚分

- 強力粉…200g
- 塩…小さじ1/2
- ぬるま湯…120g

作り方

1 ボウルに強力粉、塩、ぬるま湯を入れる。

2 粉全体に水分が行き渡るようにスプーンでかき混ぜる。

3 粉けがなくなり、全体がまとまるまで手でこねる。

4 丸めたときに生地の表面がなめらかになったら、ラップをして30分ほど常温で休ませる。

5 生地をボウルから台に出す。

6 8等分にカットする。※好みで4等分、6等分にしてもいい

生地を丸めなおす。断面は内側に折り込み、つまんで閉じる。

打ち粉（強力粉、分量外）をまぶし、乾燥を防ぐためふきんをかけておく。

台に打ち粉をし、8の生地を1つ置き、手で軽く押しつぶす。

麺棒で直径約15cmにのばす。※4等分の場合は約23cm、6等分の場合は約17cm

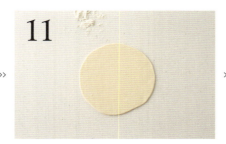
残りの生地も同様にのばす。生地を均等にのばすと、焼いた時に膨らみやすくなる。

P.7フライパンで焼くを参照し、11を1枚ずつ焼く。

フライ返しなどで軽く押さえながら焼くと、全体がムラなく焼ける。

風船のように膨らんできたら、大成功。
※膨らまなくても失敗ではない

焼き上がったら乾いたふきんで包み、冷めたらラップなどで包んでおく。

チャパティ

インドで日常的に食べられているチャパティは、全粒粉で作るのが主流です。全粒粉には食物繊維や鉄分、ビタミンが豊富に含まれ、小麦本来の色と味も楽しめます。

材料　直径15cm　8枚分

- 全粒粉…200g
- 塩…小さじ1/2
- ぬるま湯…150g

作り方　※P.14基本の無発酵生地の作り方を参照

1　ボウルに全粒粉、塩、ぬるま湯を入れてスプーンでかき混ぜる。粉全体に水分が行き渡ったら手でこね、粉けがなくなり、丸めたときに生地の表面がなめらかになったら、ラップをして30分常温で休ませる。

2　生地をボウルから台に出し、8等分にし、生地を丸めなおす。断面は内側に折り込み、つまんで閉じる。打ち粉（全粒粉、分量外）をまぶし、乾燥を防ぐためふきんをかけておく。
※好みで4等分、6等分にしてもいい

3　台に打ち粉をし、丸めた生地をそれぞれ手で軽く押しつぶしたら麺棒で直径約15cmにのばす。生地を均等にのばすと、焼いた時に膨らみやすくなる。
※4等分の場合は約23cm、6等分の場合は約17cm

4　P.7フライパンで焼くを参照し、3を1枚ずつ焼く。フライ返しなどで押さえながら焼くと、全体がムラなく焼ける。ぷくっと膨らんできたら、大成功。
※膨らまなくても失敗ではない

5　焼き上がったチャパティは乾いたふきんで包み、冷めたらラップなどで包んでおく。

全粒粉は、小麦の外皮や胚芽部分も含めて丸ごと挽いたもの。輸入食材店では「アッタ」「アタ」という名前で売られています。

ハーブ入りフラットブレッド

アゼルバイジャンやアルメニア辺りで食べられている、薄い生地にハーブや青菜をたっぷり入れたパンをイメージしました。ハーブは好みのものに変えてアレンジしても。

材料　直径15cm　4個分

- **P.14基本の無発酵生地**…半量
- ベビースピナッチ、ディル、パクチー、パセリ、小ネギ
　…合わせて40g
- 塩…適量
- 無塩バター（溶かす）…適量

作り方

1　**P.14基本の無発酵生地の作り方1〜8**を参照して、生地を作る。
※生地は4等分にして丸める

2　ハーブ類は洗って水気をペーパータオル等でよく拭きとり、みじん切りとざく切りの間ぐらいに粗く刻む。

3　台に打ち粉（強力粉、分量外）をし、丸めた生地4個をそれぞれ手で軽く押しつぶし、麺棒で直径約15cmにのばす。2を1/4量ずつ、のばした生地の半分にのせ、塩を適量振り、生地を半分に折り、縁を指で押さえて密着させる。

4　フライパンを中火にかけ、熱くなったら3を1枚のせ、両面に焼き色が付くまで焼く。途中、または焼き上がりに好みで溶かしバターを塗る。

ハーブ類をのせるときは、縁を残しておくこと。

縁は、指でぎゅっと押さえてしっかりと密着させる。

ひき肉のせフラットブレッド

レバノンやシリア、アルメニアなどでは定番のひき肉をのせたフラットブレッド「ラフマジュン」。レモンを絞って、ミントやルッコラなどのハーブ類を巻くのもおすすめ。

材料　直径15cm　4枚分

- P.14基本の無発酵生地…半量
- 牛ひき肉…100g
- A
  - トマト…1/2個
  - 玉ねぎ…1/4個
  - にんにく…1かけ
  - トマトペースト…小さじ1
  - オールスパイスパウダー…小さじ1/2
  - 塩…小さじ1/2

作り方

1 P.14基本の無発酵生地の作り方1〜8を参照して、生地を作る。
※生地は4等分にして丸める

2 Aをフードプロセッサーにかけてピューレ状にしたら、ボウルに入れた牛ひき肉に加えてよく混ぜる。

3 台に打ち粉（強力粉、分量外）をし、丸めた生地4個をそれぞれ手で軽く押しつぶし、麺棒で直径約15cmにのばす。2を1/4量ずつ、のばした生地にまんべんなく塗る。

4 3を1枚トレーにのせてトースターに入れ、最高温度で約7〜10分焼く。ひき肉に火が通り、全体に薄い焼き色が付けば焼き上がり。フライパンで焼く場合は、中火で熱したフライパンにのせ、蓋をして5分ほど焼く。

ひき肉だねは、焼きムラが出ないように均一の厚さで塗る。

カレーマッシュポテト包みフラットブレッド

マッシュポテトを包んでみました。味付けはカレー粉におまかせ。青唐辛子のスッとした辛味で、手の込んだ一品風になります。

材料 直径15cm　4個分

- P.14基本の無発酵生地…半量
- じゃがいも…100g（1個程度）
- 無塩バター…小さじ2
- カレー粉…小さじ2/3
- 塩…適量
- 青唐辛子…1〜2本

作り方

1 P.14基本の無発酵生地の作り方1〜8を参照して、生地を作る。
※生地は4等分にして丸める

2 鍋にお湯を沸かし、皮を剥いたじゃがいもを入れてやわらかくなるまで茹でる。茹であがったらボウルに入れ、マッシャーやフォークなどでつぶし、熱いうちにバターを混ぜ込み、カレー粉を加えて混ぜてから塩で味をととのえる。青唐辛子を小口切りにして混ぜ、好みの辛さにする。

3 台に打ち粉（強力粉、分量外）をし、丸めた生地4個をそれぞれ手で軽く押しつぶし、麺棒で直径約15cmにのばす。2を1/4量ずつ、のばした生地の中心にのせ、生地の縁をたぐり寄せるようにして閉じる。閉じ目を下にして台に置き、麺棒で直径15cmほどに薄くのばす。

4 フライパンを中火にかけ、熱くなったら3を1枚のせ、両面に焼き色が付くまで焼く。

カレーマッシュポテトは、手で軽く丸めておくと包みやすい。

クルミ&ハリッサフラットブレッド

赤唐辛子とクルミのディップ「ムハンマラ」をイメージしました。北アフリカの調味料ハリッサを使うと簡単に作れます。

材料 直径15cm 4枚分

- P.14基本の無発酵生地…半量
- A
  - クルミ…20g
  - ハリッサ（市販品）…小さじ2
  - パプリカパウダー…小さじ2/3
  - オリーブオイル…大さじ2
  - 塩…適量

作り方

1 P.14基本の無発酵生地の作り方1〜8を参照して、生地を作る。
※生地は4等分にして丸める

2 クルミは細かく刻む。Aの材料をボウルなどに入れてよく混ぜる。

3 台に打ち粉（強力粉、分量外）をし、丸めた生地4個をそれぞれ手で軽く押しつぶし、麺棒で直径約15cmにのばす。2を1/4量ずつ、のばした生地にまんべんなく塗る。

4 フライパンを中火にかけ、熱くなったら3の具を塗っていない面を下にして1枚のせ、生地に火が通るまで蓋はせずに片面を焼く。

クルミの歯ごたえと、ハリッサのピリッとした辛さがおいしさのポイント。

たらこ&クリームチーズフラットブレッド

みんな大好きな、たらことクリームチーズの組み合わせ。子どもにも大人気ですが、仕上げに黒コショウを振ると大人のおつまみにもなります。

材料 直径15cm 4枚分

- P.14基本の無発酵生地…半量
- たらこ…30g
- クリームチーズ…55g
- 黒コショウ…適量（好みで）

作り方

1 P.14基本の無発酵生地の作り方1〜8を参照して、生地を作る。
※生地は4等分にして丸める

2 たらこは薄皮を取り除きほぐしてボウルなどに入れ、常温でやわらかくしたクリームチーズを加えてよく混ぜる。

3 台に打ち粉（強力粉、分量外）をし、丸めた生地4個をそれぞれ手で軽く押しつぶし、麺棒で直径約15cmにのばす。2を1/4量ずつ、のばした生地にまんべんなく塗る。

4 フライパンを中火にかけ、熱くなったら3の具を塗っていない面を下にして1枚のせ、生地に火が通るまで蓋はせずに片面を焼く。好みで黒コショウを振る。

辛子明太子とクリームチーズで作ってもおいしい。

黒糖&カルダモンフラットブレッド

サウジアラビアやイラクなどの「クリージャ」という、カルダモンの効いたビスケットをイメージしました。スッとした風味は、濃いコーヒーによく合います。

材料 直径15cm 4枚分

- P.14基本の無発酵生地…半量
- 黒糖…大さじ2
- アーモンドパウダー…大さじ2
- カルダモンパウダー…適量

作り方

1　P.14基本の無発酵生地の作り方1〜8を参照して、生地を作る。
※生地は4等分にして丸める

2　黒糖は塊があればほぐしてパウダー状にしておく。Aをボウルなどに入れてよく混ぜる。

3　台に打ち粉（強力粉、分量外）をし、丸めた生地4個をそれぞれ手で軽く押しつぶし、麺棒で直径約15cmにのばす。2を1/4量ずつ、のばした生地の中心にのせ、生地の縁をたぐり寄せるようにして閉じる。閉じ目を下にして台に置き、麺棒で直径15cmほどに薄くのばす。

4　フライパンを中火にかけ、熱くなったら3を1枚のせ、両面に焼き色が付くまで焼く。

粉状の具は、生地の縁に付けないように注意しながら包む。

基本のパイ風生地

プレーンパイ
作り方 ▶ P32

生地に油脂を塗りながら折りたたむと、パイ生地のように層のある生地ができ上がります。軽くてサクサクとした食感が特徴で、汁気の多いおかずに合わせるほか、はちみつや粉砂糖を振れば甘いおやつにもなります。生地を薄くのばす作業は、難しく感じるかもしれませんが、破れても気にしないで作ってみてください。

プレーンパイ

味付けなしのシンプルなパイ風ブレッド。薄力粉と強力粉を合わせることでのびがよくなり、作業もしやすくなります。これをマスターすれば、アレンジは無限大。

基本のパイ風生地

材料 18〜20cm四方(直径) 4枚分

- 強力粉…100g
- 薄力粉…100g
- 塩…小さじ1/2
- 植物油…大さじ1/2
- ぬるま湯…120g弱
- 無塩バター(溶かす)…65g

作り方　折りたたんで作る方法

1 ボウルに粉類と塩、ぬるま湯、植物油を入れる。

2 粉全体に水分が行き渡るようにスプーンでかき混ぜる。

3 粉けがなくなり、全体がまとまるまで手でこねる。

4 丸めたときに生地の表面がなめらかになったら、ラップをして30分常温で休ませる。

5 生地をボウルから台に出し、4等分にする。

6 生地を丸めなおす。断面は内側に折り込み、つまんで閉じる。

打ち粉（強力粉、分量外）をまぶし、乾燥を防ぐためふきんをかけておく。

台に打ち粉をし、7の生地を手で軽く押しつぶし、麺棒で約30㎝四方に薄くのばす。

表面に溶かしバターまんべんなく塗る。
※刷毛がなければスプーンや手を使って塗る

生地の上から1/3を手前に折り返し、折り返した面に溶かしバターを塗る。

生地の下から1/3を折り返し、縦に三つ折りにする。

溶かしバターを塗りながら、横にも三つ折りにする。

打ち粉をまぶし、手で四角形に整える。

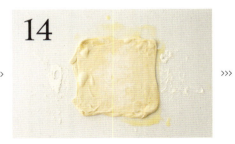

麺棒で約18〜20㎝四方にのばす。溶かしバターが滲み出てきても、気にせずにのばす。

P.7フライパンで焼くを参照し、1枚ずつ焼く。

作り方　ぐるぐる巻きで作る方法

1

折りたたんで作る方法1〜9と同様に生地を作る。生地は約17×35cmに薄くのばす。

2

生地を下から巻いていく。

3

最後は端からつまんで閉じる。

4

さらに端から渦巻のように巻いていく。

5

最後は渦巻きの中心に埋め込むようにして処理する。

6

打ち粉（強力粉・分量外）をまぶし、手で軽く押しつぶす。

7

麺棒で直径約18〜20cmに薄くのばす。

8

生地の等分を変えて、好みの大きさにのばしてもいい。

9

P.7フライパンで焼くを参照し、1枚ずつ焼く。

ねぎ巻きパイ

中国や台湾料理でおなじみの葱油餅も基本の生地を使って簡単に作れます。作るのに慣れたら、ネギをたっぷり入れて作ってみてください。

材料　直径18〜20cm　4枚分

- P.32基本のパイ風生地
- 小ネギ…40g
- 油（サラダ油など）…大さじ4
- 塩…適量

作り方

1　P.32基本のパイ風生地の作り方1〜7を参照し、生地を作る。

2　ネギは小口切りにする。

3　台に打ち粉（強力粉、分量外）をし、丸めた生地4個をそれぞれ手で軽く押しつぶし、麺棒で約17×35cmにのばす。生地の表面に油をまんべんなく塗り、2を散らし、塩を適量振る。

4　P.34ぐるぐる巻きで作る方法2〜9を参照し、生地を巻いてから麺棒で薄くのばし、フライパンで両面焼く。

ネギは入れすぎると巻きづらくなるが、たくさん入るとおいしい。

ごま油（分量外）を生地に塗りながら焼くのもおすすめ。

クルミ&シュガーパイ

クルミの香ばしさとバターの風味は相性抜群。クルミはできるだけ細かく刻むと生地になじみやすくなります。

材料　18〜20cm四方　4枚分

- P.32基本のパイ風生地
- クルミ…80g
- グラニュー糖…大さじ4
- 無塩バター（溶かす）…65g
- シナモン…好みで

作り方

1. P.32基本のパイ風生地の作り方1〜9を参照し、生地を作って薄くのばし、表面に溶かしバターを塗る。
2. クルミは細かく刻んでボウルなどに入れ、グラニュー糖を加えて混ぜる。
3. 生地の表面に2を散らし、好みでシナモンを振る。P.33折りたたんで作る方法10〜15を参照し、生地を折りたたんでから麺棒で薄くのばし、フライパンで両面焼く。

ココナッツフレーク&シュガーパイ

フィリングは混ぜるだけのお手軽さ。甘みのあるタイプですが、バターチキンカレーなどにもよく合います。

材料　18〜20cm四方　4枚分

- P.32基本のパイ風生地
- ココナッツファイン…60g
- グラニュー糖…大さじ4
- 無塩バター（溶かす）…65g
- シナモン…好みで

作り方

1. P.32基本のパイ風生地の作り方1〜9を参照し、生地を作って薄くのばし、表面に溶かしバターを塗る。
2. ココナッツファインとグラニュー糖をボウルなどに入れ、よく混ぜる。
3. 生地の表面に2を散らし、好みでシナモンを振る。P.33折りたたんで作る方法10〜15を参照し、生地を折りたたんでから麺棒で薄くのばし、フライパンで両面焼く。

薄いので破れやすいが、多少破れても折りたたむので大丈夫。

基本の発酵生地

ポケットパン
作り方 ▶ p.40

基本の発酵生地は、混ぜて、こねて、休ませて。あとは好きな大きさにのばして焼くだけのシンプルな工程です。すぐに焼き上がり、すぐに食べられるのが嬉しい。まずは焼きたてを豪快にちぎって、湯気と共にあふれる香りを堪能して。焼き方や大きさ、厚さなどによって、同じ生地でも全く異なった味わいが楽しめるのもこの生地の特徴。是非好みを見つけてください。

ポケットパン

シンプルなポケットパンはどんな食事にもぴったりです。厚さはお好みで。薄めにのばしてラップサンドに、ふっくら厚めだとボリュームのあるピタパンサンドにおすすめです。

基本の発酵生地

材料　直径15〜20cm　4枚分

- 強力粉…200g
- インスタントドライイースト…小さじ2/3
- 塩…小さじ1/2
- グラニュー糖…大さじ1/2
- 植物油…大さじ1/2
- ぬるま湯…120g

作り方

1 ボウルにすべての材料を入れる。

2 粉全体に水分が行き渡るようにスプーンでかき混ぜる。

3 粉けがなくなり、全体がまとまり、丸めたときに生地の表面がなめらかになるまで手でこねる。

4 ラップをし、生地が約2倍の大きさに膨らむまで常温で発酵させる。
※40分〜2時間が目安

5 気温によって発酵時間が変わるので、約2倍になるのを目安にする。

6 生地をボウルから取り出し、手で軽く押してガスを抜き、4等分にする。

生地を丸めなおす。断面は内側に折り込み、つまんで閉じる。

打ち粉（強力粉、分量外）をまぶし、乾燥を防ぐためふきんをかけておく。

台に打ち粉をし、7の生地を置いて手で軽く押しつぶし、麺棒で直径約15〜20cmにのばす。

生地を均等にのばすと、焼いた時に膨らみやすくなる。
※トースターで焼く場合は、上部ヒーターに膨らんだ生地が付かないように小さめにのばす

P.7フライパンで焼くを参照し、10を1枚ずつ焼く。

または、**P.7トースターで焼く**を参照し、10を1〜2枚ずつ焼く。

手のばしブレッド

麺棒を使わず、生地を気軽に手でのばして焼きます。生地の厚さが不ぞろいになることで、食感に変化が生まれます。分厚い部分のもっちりした食感は感動もの。

材料 直径18cm　4枚分

- P.40基本の発酵生地

作り方

1. P.40基本の発酵生地の作り方1～8を参照して、生地を作る。

2. 生地を台の上に出し、手のひらで押さえ平らにする。生地を両手で持ち、左右にひっぱりながらのばす。
※薄い部分はのびやすいので破れないように注意

3. フライパンを中火にかけ、熱くなったら2を1枚のせ、両面に焼き色が付き、生地に火が通るまで約5分焼く。

両手でひっぱりながら少しずつのばしていく。

チーズ入りブレッド

ジョージアのチーズ入りパン「ハチャプリ」の中でも最もシンプルな「イメレティ・ハチャプリ」をイメージして作りました。とろーりチーズが熱いうちに食べて。

材料 直径18cm　4枚分

- P.40基本の発酵生地
- シュレッドチーズ…120g

作り方

1. P.40基本の発酵生地の作り方1～8を参照して、生地を作る。

2. 台に打ち粉（強力粉、分量外）をし、丸めた生地4個をそれぞれ手で軽く押しつぶし、麺棒または手で直径約15cmにのばす。シュレッドチーズを1/4量ずつ、のばした生地の中心にのせ、生地の縁をたぐり寄せるようにして閉じる。閉じ目を下にして台に置き、麺棒で直径約18cmに薄くのばす。

3. P.7トースターで焼くを参照し、2を1枚入れ、焼き色が付くまで5～10分焼く。

縁は薄めにのばしておくと包みやすい。

たっぷりごまパン

レバノンの街角では、たっぷりのごまをまぶしたパン「カアク・アスルーニー」を売るおじさんをよく見かけます。そのパンからヒントを得ました。クリームチーズをサンドして食べるのがおすすめ。

材料　直径10cm　4枚分

- P.40基本の発酵生地…半量
- 白ごま…20g

作り方

1　P.40基本の発酵生地の作り方1〜8を参照して、生地を作る。
※生地は4等分にする

2　台に打ち粉（強力粉、分量外）をし、丸めた生地4個をそれぞれ手で軽く押しつぶし、麺棒で直径約10cmにのばす。

3　白ごまを平皿などに入れておく。2の生地の片面に水（分量外）を塗り、白ごまの上に濡れた面を付け、上から軽く手で押さえる。皿から生地を取り出し、白ごまの付いた面を上にして麺棒で軽くのばし、白ごまを生地に密着させる。

4　P.7トースターで焼くを参照し、3を1〜2枚ずつ入れ、生地に火が通るまで5分ほど焼く。

実際に使用するのは20g程度だが、たっぷりの白ごまを用意すると作業がしやすい。

ひき肉パイ

エジプトのひき肉パイ「ハワウシ・イスカンダラーニー（アレキサンドリア風ハワウシ）」がヒント。中身をジューシーな餃子風の肉餡にしたら大成功！　肉汁の旨味がしみ込んだ生地がたまりません。

材料　直径15cm　4枚分

- P.40基本の発酵生地
- A
  - 豚ひき肉…200g
  - 醤油…小さじ2
  - ごま油…小さじ2
  - ニラ…35g

作り方

1　P.40基本の発酵生地の作り方1〜8を参照して、生地を作る。
※生地は8等分にして丸める

2　ニラは5mm幅に切る。Aをボウルなどに入れ、粘り気が出るまで手で混ぜる。

3　台に打ち粉（強力粉、分量外）をし、丸めた生地2個をそれぞれ手で軽く押しつぶし、麺棒で直径約15cmにのばす。生地の一枚の中央に2の1/4量をのせ、もう一枚の生地を上に重ねたら縁を指で押さえて密着させる。表面にフォークなどで数ヶ所穴をあける。

4　P.7トースターで焼くを参照し、2を1枚入れ、火が通るまで10〜15分焼く。

肉だねは、縁をあけて平らにのせる。

トマト&オニオンフラットブレッド

フレッシュなトマトは、軽く焼くことで旨味たっぷりのソースのようなおいしさになります。事前に塩を振って余分な水分を出すひと手間が、濃縮された甘みを引き出すポイントです。

材料 直径20cm　4枚分

- P.40基本の発酵生地
- トマト…280g（トマト約2個、またはプチトマト約20個）
- 玉ねぎ…60g（約1/4個）
- オリーブオイル…小さじ4
- 塩…適量

作り方

1. P.40基本の発酵生地の作り方1〜8を参照して、生地を作る。

2. トマトは1.5cm角、玉ねぎはみじん切りにし、ざるに入れて塩を適量振り、軽く混ぜたら15分程度置く。余分な水分が切れたら、オリーブオイルを加えて混ぜる。

3. 台に打ち粉（強力粉、分量外）をし、丸めた生地4個をそれぞれ手で軽く押しつぶし、麺棒で直径約20cmにのばす。生地の表面にフォークなどで数か所軽く穴をあけ、2の1/4量をまんべんなくのせる。

4. P.7トースターで焼くを参照し、3を1枚入れ、火が通るまで10分ほど焼く。

のばした生地をトレーなどにのせてからトッピングすると、移動がラク。

ザアタルブレッド

シリアやレバノンの定番トッピング「ザアタル」とは、アラビア語でオレガノやタイムのこと。現地では市販のザアタルミックスを使いますが、日本でも手に入る材料で作りました。

材料 直径20cm 4枚分

- P.40基本の発酵生地

A
- ドライオレガノ…大さじ2
- 白ごま…小さじ4
- オリーブオイル…大さじ4
- ドライコリアンダーシードパウダー…小さじ1/2
- 塩…適量

作り方

1. P.40基本の発酵生地の作り方1〜8を参照して、生地を作る。

2. Aをボウルなどに入れ、よく混ぜる。

3. 台に打ち粉（強力粉、分量外）をし、丸めた生地4個をそれぞれ手で軽く押しつぶし、麺棒で直径約20cmにのばす。生地の表面にフォークなどで数か所軽く穴をあけ、2の1/4量をまんべんなく塗る。

4. P.7トースターで焼くを参照し、3を1枚入れ、火が通るまで5分ほど焼く。

スパイスを混ぜてオリーブオイルでのばした「ザアタルソース」は、焼いたフラットブレッドをディップして食べてもおいしい。

ガーリックバターフラットブレッド

絶対外れないのがガーリックバター。シンプルですが飽きのこないおいしさです。

材料 直径20cm 4枚分

- P.40基本の発酵生地

A
- 無塩バター…50g
- にんにく…1〜2かけ
- 塩…適量（1g程度）
  ※有塩バターを使う場合は塩は不要
- ドライパセリ…適量

作り方

1. P.40基本の発酵生地の作り方1〜8を参照して、生地を作る。

2. バターは室温に戻し、やわらかくしておく。にんにくは皮を剥き、すりおろす。ボウルなどにAを入れ、よく混ぜ合わせる。

3. 台に打ち粉（強力粉、分量外）をし、丸めた生地4個をそれぞれ手で軽く押しつぶし、麺棒で直径約20cmにのばす。生地の表面にフォークなどで数か所軽く穴をあけ、2の1/4量をまんべんなく塗る。

4. P.7トースターで焼くを参照し、3を1枚入れ、火が通るまで5分ほど焼く。

ガーリックバターは多めに作っておけば、冷凍保存も可能。

ピザ

基本の発酵生地があれば、いつでもピザが楽しめます。ピザソースがなくても、オレガノを散らすことで簡単にいつものピザの味に。トッピングはアレンジ無限です。

材料　直径20㎝　4枚分

- P.40基本の発酵生地
- シュレッドチーズ…200g
- ケチャップ…小さじ8
- トマトペースト…小さじ4
- ブラックオリーブ…50g　※種なしスライスのもの
- ドライオレガノ…適量
- 塩…適量
- コショウ…適量

作り方

1　P.40基本の発酵生地の作り方1〜8を参照して、生地を作る。

2　台に打ち粉（強力粉、分量外）をし、丸めた生地4個をそれぞれ手で軽く押しつぶし、麺棒で直径約20㎝にのばす。生地の表面にフォークなどで数か所軽く穴をあける。

3　ケチャップ、トマトペーストの1/4量を生地に塗り、塩、コショウ、ドライオレガノを振る。ブラックオリーブを並べ、シュレッドチーズをまんべんなくのせる。

4　P.7トースターで焼くを参照し、3を1枚入れ、チーズに薄く焼き色が付くまで7〜10分焼く。

トッピングは生地をトレーなどにのせてから行う。

刻みきのこのフラットブレッド

焼き上がってトースターを開けた瞬間に歓喜があがること間違いなし。香りが極上で、キリっと冷えた白ワインを合わせたくなります。おもてなしにもぴったり。

材料 直径20cm 4枚分

- P.40基本の発酵生地
- A
  - きのこ…100g
  - 玉ねぎ…20g
  - にんにく…2かけ
  - オリーブオイル…小さじ4
  - 塩…適量

作り方

1. P.40基本の発酵生地の作り方1〜8を参照して、生地を作る。

2. きのこ、玉ねぎ、にんにくは細かいみじん切りにしておく。Aをボウルなどに入れ、よく混ぜる。

3. 台に打ち粉（強力粉、分量外）をし、丸めた生地4個をそれぞれ手で軽く押しつぶし、麺棒で直径約20cmにのばす。生地の表面にフォークなどで数か所軽く穴をあけ、2の1/4量をまんべんなくのせる。

4. P.7トースターで焼くを参照し、3を1枚入れ、軽く焼き色が付き、火が通るまで7分ほど焼く。

きのこは、しめじやしいたけ、舞茸、エリンギなど複数組み合わせると味わい深くなる。

マトナカーシュ

アルメニアのもっちりフラットブレッド「マトナカーシュ」をイメージして作りました。アルメニア語で「マト」は指、「カーシュ」は引っ張る、という意味のパンです。

材料 約15×20cm　1個分

○ P.40基本の発酵生地

作り方

1. P.40基本の発酵生地の作り方1〜5を参照して、生地を作る。

2. 生地をボウルから取り出し、手で軽く押してガスを抜き、両手で持って楕円形にのばす。横が20cmまでのびたら指で生地の表面に溝を付け、形を整える。
※途中まで麺棒でのばしてもいい

3. P.7トースターで焼くを参照し、2を入れて全体に焼き色が付くまで20分ほど焼く。

指で楕円の溝を付けたあと、円の中に2本の溝を入れる。

生地が縮む場合は、思いきって両手でのばしてもいい。

タヒーナブレッド

レバノンのアルメニア人地域で見かけるのが白ごまペーストの甘く重ためのパン「タヒノブハツ」。油分の多い白ごまペーストを巻き込むことによって、どこかパイのような食感も生まれます。

材料　直径17cm　4枚分

- P.40基本の発酵生地
- 白ごまペースト…140g　※タヒーナ、芝麻醬を使用
- グラニュー糖…大さじ6

作り方

1. P.40基本の発酵生地の作り方1〜8を参照して、生地を作る。

2. 台に打ち粉（強力粉、分量外）をし、丸めた生地4個をそれぞれ手で軽く押しつぶし、麺棒で約20×30cmにのばす。生地の上に白ごまペーストの1/4量をまんべんなく塗ったら、上にグラニュー糖の1/4量をまんべんなく振りかける。生地を下からくるくる巻き、さらに端から渦巻のように巻いたら、麺棒で直径17cmほどに薄くのばす。

3. P.7トースターで焼くを参照し、2を1枚入れ、軽く焼き色が付き、火が通るまでまで7分ほど焼く。

P.34基本のパイ風生地のぐるぐる巻きで作る方法と同様に巻く。

ブルーチーズ&はちみつのフラットブレッド

ピリリと刺激のある香りが特徴のブルーチーズをのせてさっと焼けば、ワインのお供にぴったりなオシャレなおつまみになります。蜂蜜をたらすと、甘じょっぱさで手が止まらなくなります。

材料 直径20cm　4枚分

- P.40基本の発酵生地
- シュレッドチーズ…120g
- ブルーチーズ…60g
- はちみつ…適量（好みで）

作り方

1. P.40基本の発酵生地の作り方1〜8を参照して、生地を作る。

2. 台に打ち粉（強力粉、分量外）をし、丸めた生地4個をそれぞれ手で軽く押しつぶし、麺棒で直径約20cmにのばす。生地の表面にフォークなどで数か所軽く穴をあけ、シュレッドチーズとブルーチーズの1/4量をまんべんなくのせる。

3. P.7トースターで焼くを参照し、2を1枚入れ、チーズが溶けて軽く焼き色が付き、火が通るまで7分ほど焼く。

ブルーチーズだけだと味が濃くなりすぎるので、シュレッドチーズと混ぜてまろやかに仕上げる。

りんご&キャラウェイの
フラットブレッド

アップルパイよりも軽く食べられ、キャラウェイのスッとした香りがりんごによく合います。

材料　直径20cm　4枚分

- P.40基本の発酵生地
- りんご…1個
- 無塩バター（溶かす）…40g
- アーモンドパウダー…大さじ4
- グラニュー糖…大さじ1
- キャラウェイシード…適量

作り方

1 P.40基本の発酵生地の作り方1〜8を参照して、生地を作る。

2 りんごは皮つきのまま厚さ5mm強の一口大に切る。

3 台に打ち粉（強力粉、分量外）をし、丸めた生地4個をそれぞれ手で軽く押しつぶし、麺棒で直径約20cmにのばす。生地の表面にフォークなどで数ヶ所軽く穴をあけ、生地に溶かしバターの1/8量を塗り、アーモンドパウダーの1/4量のをまんべんなく振りかける。上にりんごの1/4量を並べ、グラニュー糖の1/4量を振り、さらに溶かしバターの1/8量を散らし、キャラウェイシードを振る。

4 P.7トースターで焼くを参照し、3を1枚入れ、軽く焼き色が付くまで10分ほど焼く。

バナナ&ピーナッツバター
のフラットブレッド

バナナの甘さと、こっくりとしたピーナッツバターのかすかな塩気が食欲をそそります。エネルギー補給や朝食におすすめです。

材料　直径20cm　4枚分

- P.40基本の発酵生地
- バナナ…4本
- ピーナッツバター…100g

作り方

1 P.40基本の発酵生地の作り方1〜8を参照して、生地を作る。

2 台に打ち粉（強力粉、分量外）をし、丸めた生地4個をそれぞれ手で軽く押しつぶし、麺棒で直径約20cmにのばす。生地の表面にフォークなどで数か所軽く穴をあけ、生地にピーナッツバター1/4量を塗り、輪切りにした1本分のバナナを並べる。

3 P.7トースターで焼くを参照し、2を1枚入れ、軽く焼き色が付くまで10分ほど焼く。

発酵生地を使ったアレンジパン

ほうれん草の三角パン

作り方 ▶ P.66

カッテージチーズボート

作り方 ▶ P.67

ほうれん草の三角パン

「ファターエル」と呼ばれるシリアやレバノンのおかずパン。現地では柘榴ソースなどで甘酸っぱく味付けしたほうれん草入りのパンは三角形にするのが定番。可愛い形はそのままに、カッテージチーズを合わせてみました。

材料 4個分

○ P.40基本の発酵生地…半量

A
○ ほうれん草…200g (1袋)
○ カッテージチーズ…50g
○ 玉ねぎ…20g (1/10個)
○ オリーブオイル…小さじ2
○ 塩…適量

作り方

1　P.40基本の発酵生地の作り方1〜8を参照して、生地を作る。※生地は4等分にする

2　ほうれん草は塩ゆで（塩は分量外）し、水気をしっかり絞り、2cmの長さに切る。玉ねぎはみじん切りにする。Aをボウルなどに入れ、よく混ぜ合わせる。

3　台に打ち粉（強力粉、分量外）をし、丸めた生地4個をそれぞれ手で軽く押しつぶし、麺棒で直径約15cmにのばす。生地の中央に2の1/4量をのせ、三角形になるように縁を合わせ、閉じ目を指でつまんでしっかりとくっつける。

4　P.7トースターで焼くを参照し、3を入れ、軽く焼き色が付くまで7分ほど焼く。

縁を1/3ずつ折りたたみ、合わせた縁を閉じると三角形になる。

カッテージチーズボート

トルコ南東部の町、ガジアンテップの郷土料理として知られる甘いチーズのピデ（ボート形のパン）をアレンジしました。焼きたては格別ですが、冷めて落ち着いたものもおいしいです。

材料　4個分

- P.40基本の発酵生地…半量
- A
  - カッテージチーズ…100g
  - グラニュー糖…20g
  - 無塩バター（溶かす）…10g

作り方

1. P.40基本の発酵生地の作り方1〜8を参照して、生地を作る。※生地は4等分にする。

2. Aをボウルなどに入れ、よく混ぜ合わせる。

3. 台に打ち粉（強力粉、分量外）をし、丸めた生地4個をそれぞれ手で軽く押しつぶし、麺棒で約9×18cmほどの楕円形にのばす。生地の縁を1.5cmほどあけて2をのせ、縁を内側に折り返す。

4. P.7トースターで焼くを参照し、3を入れ、軽く焼き色が付くまで10分ほど焼く。

縁を残して具をのせたら、平らに伸ばす。

まずは上下を折り返す。

次に左右の角を折り、ボートの形にする。

基本のふっくら生地

プレーンフォカッチャ

作り方 ▶ P.70

水分が多めの高加水生地を使った、ふっくらとボリュームのあるフォカッチャです。密閉容器に材料を次々と入れ、混ぜるだけのお手軽さ。こねる必要がないので手も汚れません。冷蔵庫で一晩寝かせてゆっくり発酵させて、翌日焼くのもおすすめ。焼きたてはもちろん、生地がしっとりと落ち着く翌日にいただくのもおいしいですよ。

プレーンフォカッチャ

塩とオリーブオイルの風味が引き立つ、基本のフォカッチャ。横にスライスして生ハムやルッコラなどを挟めば、オシャレでボリューム満点のサンドイッチに。

基本のふっくら生地

材料 約20×17cm 1個分

- 強力粉…200g
- インスタントドライイースト…小さじ2/3
- 塩…小さじ1/2
- グラニュー糖…大さじ1/2
- 植物油…大さじ1
- ぬるま湯…170g

仕上げ用
- オリーブオイル…適量
- 塩…適量

作り方

1 深さのある保存容器にぬるま湯、インスタントドライイースト、植物油を入れる。

2 塩、グラニュー糖も加え、ゴムベラなどでよくかき混ぜる。

3 強力粉を加える。

4 ゴムベラで、粉けがなくなり全体に粘り気が出てなめらかになるまで混ぜる。

5 蓋をして30分休ませる。

6 30分経ったら、ゴムベラで生地の底をすくいあげるように折り返す作業を4～5回繰り返す。

生地を平らにしたら蓋をして、2倍程度に膨らむまで常温に置いて発酵させる。

気温によって発酵時間が変わるので、容器の横から見て2倍程度になっていれば発酵完了。

トレーにオーブンシートを敷き、上にオリーブオイルをたっぷり塗る。

手にオリーブオイルを付け、生地を容器からトレーに移す。

生地を縦に三つ折りにする。

さらに横に三つ折りにする。

生地を裏返し、指で押さえながら軽くのばし、形を整える。

トレーからはみ出たオーブンシートをハサミなどでカットする。

生地の表面にオリーブオイルを塗り、塩を振ったらトレーごとトースターに入れ、200〜220度で20分程度焼く。

オリーブ&ローズマリー、プチトマトのハーフ&ハーフフォカッチャ

見た目にも楽しいトッピングのフォカッチャ。ローズマリー以外にも、バジルやオレガノなど、お好みのドライハーブを使って香りでアレンジできます。

材料 約20×17cm 1個分

- P.70基本のふっくら生地
- ブラックオリーブスライス…適量
- ドライローズマリー…適量
- プチトマト…5〜6個
- オリーブオイル…適量

作り方

1. P.70基本のふっくら生地の作り方1〜14を参照し、生地を作る。

2. プチトマトは半分に切る。生地の表面にオリーブオイルを塗る。生地の表面に指でしっかりくぼみを付け、半面にオリーブとドライローズマリー、残り半面にプチトマトをのせ、全面に塩を振る。

3. トレーごとトースターに入れ、200度〜220度で軽く焼き目が付き火が通るまで20分ほど焼く。

ハーフ&ハーフで作ると、2つの味が一度に楽しめる。

フラットブレッドが残ったら……

食べきれずに残ってしまったとき、たくさん作って保存したいときは、アレンジ料理と冷凍保存が便利です。

◎ファッテにアレンジ

アラブ諸国には、一口大に切ったパンを使って作る「ファッタ（ファッテ）」という料理があります。ひよこ豆とヨーグルトを使った「ファッテ・ホンモス」は、シリアの代表的なファッテで、少しパサついてしまったフラットブレッドを使っても、おいしくいただけます。

材料　1人分

A
- ひよこ豆缶…1/2缶
- プレーンヨーグルト…100g
- 白ごまペースト…大さじ1/2
- にんにく…1かけ　※すりおろす

- フラットブレッド…適量
- オリーブオイル…大さじ1
- 塩…適量
- ナッツ、ドライミントなど…好みで

作り方

1 フラットブレッドは一口大にちぎり、深めの容器に入れる（素揚げ、または空焼きにしたものを使用してもよい）。ひよこ豆缶は汁ごと小鍋に入れて中火にかけ、あたたかくなったらフラットブレッドの上にかける。

2 ボウルにAを入れ、混ぜ合わせる。塩で味を整え、1にかける。

3 小さなフライパンでオリーブオイルを熱し、2の上にジュッとまわしかける。好みでナッツやドライミントをトッピングする。

◎冷凍すれば1ヶ月保存可能

休日にまとめて作っておけば、平日の朝ごはんやお弁当作りの時間が短縮に。焼いたフラットブレッドを1枚ずつラップに包み、密閉できるジッパー付きの袋にいれて冷凍庫へ。食べるときは、凍ったままフライパンで両面焼くか、トースターで焼き直すだけ。薄いので短時間で解凍され、焼きたての風味がよみがえります。

フラットブレッドに合う
ディップとおかず

そのまま食べてもおいしいフラットブレッドですが、
肉や肉料理、揚げ物との相性も抜群です。
おすすめのディップとおかずを添えて召しあがれ。

5種のディップ

材料を混ぜるだけの簡単ディップは食べ応えも満点。数種類のディップを盛った小皿をテーブルに並べれば、パーティーの前菜にも。

ホンモス（ひよこ豆のペースト）

材料 作りやすい分量

- ひよこ豆缶…1缶
- 白ごまペースト…100g
- にんにく…1かけ
- レモン汁…大さじ2
- 塩…適量

作り方

1. ひよこ豆缶はボウルにのせたざるにあけ、豆と汁に分けておく。

2. フードプロセッサーに1の汁以外の材料を入れ、なめらかになるまで撹拌する。1の汁を少量ずつ加え、かたさを調整する。

3. 2を皿に盛りオリーブオイル（分量外）を回しかける。好みでパセリ、パプリカパウダーで飾る。

白ごまペースト＆黒蜜

材料

- 白ごまペースト…適量
- 黒蜜シロップ…適量　※とろみのあるもの

作り方

1. 皿に白ごまペーストを入れ、黒蜜シロップを回しかける。

焼きナスのディップ

材料　作りやすい分量

- ナス…2本(300g)
- パセリ(みじん切り)…大さじ1
- にんにく…1かけ
- レモン汁…大さじ1
- 塩…適量

作り方

1. ガスコンロに網を置いて中火で熱し、ナスをのせたら皮が黒く焦げるまで焼く。触れるぐらいに冷めたら皮をむく。

2. にんにくはすりおろし、1は細かく刻む。材料を全てボウルに入れ、よく混ぜ合わせる。

3. 皿に盛り、オリーブオイル(分量外)を回しかける。好みでトマトなどを飾る。

ビーツのディップ

材料　作りやすい分量

- ビーツの水煮…200g
- 白ごまペースト…60g
- にんにく…1かけ
- レモン汁…大さじ1
- 塩…適量

作り方

1. 材料を全てフードプロセッサーに入れ、なめらかになるまで撹拌する。

2. 皿に盛り、オリーブオイル(分量外)を回しかける。

ラブネ(水切りヨーグルト)

材料　作りやすい分量

- プレーンヨーグルト
　…1パック(400g)
- 塩…適量
- オリーブオイル、ドライミント…好みで

作り方

1. ボウルにのせたざるにキッチンペーパーを敷き、ヨーグルトを入れる。ラップをして冷蔵庫に入れ、一晩水切りする。

2. 1をボウルに入れ、塩を適量加えてヘラなどでよく混ぜる。

3. 皿に盛り、好みでオリーブオイルを回しかけ、ドライミントを飾る。

ひよこ豆のコロッケ（ファラーフェル）

乾燥のひよこ豆を使って作るコロッケ。ひよこ豆を一晩水に浸したら、あとは材料を撹拌して丸めて揚げるだけ。ガリッとした食感や、ハーブの香りや色が食欲をそそります。

材料　10〜15個分

∘ 乾燥ひよこ豆…125g
∘ 玉ねぎ…1/4個
∘ にんにく…1かけ
∘ ハーブ…25g
　（パセリ、パクチー、ディル、万能ネギ、ニラ）
∘ オールスパイス…小さじ1/2
∘ ドライコリアンダーシード…小さじ1/2

∘ クミン…小さじ1/4
∘ 重曹…小さじ1/4
∘ 塩…小さじ3/4
∘ 白ごま…適量
揚げ油…適量

作り方

1　乾燥ひよこ豆は軽く洗い、たっぷりの水にひと晩浸して戻しておく。

2　1をざるにあけ、水けを切る。白ごまと揚げ油以外の材料をフードプロセッサーに入れ、手でまとめられるぐらいのかたさになるまで撹拌する。

3　2を一口サイズに丸めて表面に白ごまを付ける。

4　鍋などに揚げ油を入れて中火にかけ、3を170〜180度で揚げる。

卵とトマトソース (シャクシューカ)

濃厚なトマトソースと半熟卵をパンですくって食べてみて。卵は、溶き卵を加えてスクランブルエッグのようにしてもおいしいですよ。

材料

- 玉ねぎ…1/3個
- ピーマン…1個
- にんにく…1かけ
- トマト缶…1/2缶
- オールスパイス…小さじ1/2
- カイエンヌペッパー…好みで
- 卵…4個
- 塩…適量
- 黒コショウ…適量
- 油…適量

作り方

1 玉ねぎ、にんにくはみじん切り、ピーマンは種を取り5mm角に切る。

2 フライパンに油とにんにくを入れ、弱火で炒め、香りが出てきたら玉ねぎを加えてしんなりするまで炒め、ピーマンを加えてさっと炒める。

3 トマト缶、オールスパイスを加え10分程度煮詰める。塩、黒コショウ、カイエンヌペッパーで味を整える。

4 卵を3に割り入れ、好みのかたさに加熱して仕上げる。

鶏肉のスパイス炒め（チキンシャワルマ）

チキンシャワルマをフラットブレッドで巻いたラップサンドは、シリアやレバノンなどのファストフードの定番。にんにくマヨネーズを塗り、チキンシャワルマ、きゅうりのピクルスのスライスをのせて作ります。

材料

- 鶏むね肉…300g
- A
  - プレーンヨーグルト…50g
  - カレー粉…小さじ1
  - ドライコリアンダーシード…小さじ1
  - オールスパイス…小さじ1
  - 塩…適量
- 油…適量

作り方

1. Aをポリ袋などに入れてよく混ぜ、細切りにした鶏むね肉を加えて混ぜ合わせ、冷蔵庫で3時間〜ひと晩漬け込んでおく。

2. フライパンに油を入れて中火で熱し、1を入れ、肉に火が通り、水気がなくなるまで炒める。

フライドポテト
フライドカリフラワー

エジプトやシリアなどでは、フライドポテトやカリフラワーはサンドイッチの具材の大定番。フライドカリフラワーは色濃く揚げると風味が増します。

フライドポテト

材料 作りやすい分量

○ じゃがいも…2個（300g）
○ 揚げ油…適量
○ 塩…適量

作り方

1 じゃがいもは皮をむき、好きな太さの拍子切りにし、1時間ほど水にさらす。

2 1をざるにあけて水けを切り、さらにペーパータオル等で水けをふき取る。

3 深めの鍋に油と2を入れ、中火にかける。油の温度が170度まで上がったら、じゃがいもに火が通り、薄く色付くまで揚げ、網などにあげて油を切り、塩を振る。

フライドカリフラワー

材料 作りやすい分量

○ カリフラワー…1個（300g）
○ 揚げ油…適量
○ 塩…適量

作り方

1 カリフラワーは小房に分け（大きめに分けた方が崩れにくい）、水洗いする。ざるにあけ水けをよく切る。さらにペーパータオル等で水けをふき取る。

2 深めの鍋に油と1を入れ、火にかける。油の温度が170度くらいまで上がったら、表面が濃い茶色になるまで揚げ、網などにあげて油を切り、塩を振る。

小松あき

アラブ菓子・料理研究家。調理師学校卒業後、ロンドン、東京のレストランに勤務。アラブの食文化に興味を持ち2008年からシリアで約2年半過ごす。2012年から2019年までエジプトに滞在。シリアの首都ダマスカスの菓子工房で菓子作りを学んだ他、一般家庭で料理や菓子を習う。これまでに、アラブ・中東諸国、ヨーロッパを中心に約40か国を訪問。著書に「はじめてのアラブごはん 手軽に作れるエキゾチックレシピ62」(イカロス出版刊)がある。
https://www.arabfoodsweets.com/

フライパンとトースターで焼ける平らなパン
フラットブレッド

2025年3月1日　第1刷発行

著者　　　小松あき
発行者　　清木孝悦
発行所　　学校法人文化学園　文化出版局
　　　　　〒151-8524
　　　　　東京都渋谷区代々木3-22-1
　　　　　電話　03-3299-2479 (編集)
　　　　　　　　03-3299-2540 (営業)
印刷・製本所　株式会社文化カラー印刷

©Aki Komatsu 2025　Printed in Japan
本書の写真、カット及び内容の無断転載を禁じます。

デザイン　千葉佳子 (kasi)
撮影　　　松元絵里子
　　　　　小松あき (P.2、P.6、P.10-11)
校閲　　　清水里美 (文字工房燦光)
編集　　　佐々木素子
　　　　　鈴木百合子 (文化出版局)

本書のコピー、スキャン、デジタル化等の無断複製は著作権法上での例外を除き、禁じられています。
本書を代行業者等の第三者に依頼してスキャンやデジタル化することは、たとえ個人や家庭内での利用でも著作権違反になります。

文化出版局のホームページ
https://books.bunka.ac.jp